# LE PATRIOTISME,

## OU

# LES VOLONTAIRES AUX FRONTIERES,

*Divertissement en un acte, orné de chants & de danses.*

Paroles de M. MACORS, Membre de plusieurs académies.

de M. WALTER

A LYON,

Chez { FAUCHEUX, Imprimeur-Libraire, grande rue Merciere, près la rue Tupin.
Dlle. OLLIER, Libraire, rue St. Pierre, près la place des Terreaux.

1792.

# PERSONNAGES.

SAINTFAR, pere, chevalier de St. Louis, ancien capitaine d'infanterie, ci-devant seigneur, & maintenant maire de l'endroit.

SAINTFAR, fils aîné, commandant des Volontaires.

AUGUSTE, fils cadet. ( Ce rôle peut être rempli une jeune fille de quatorze à quinze ans. )

FULVIE ETHMULER, jeune Allemande, détenue en otage, amante de Saintfar, aîné.

BLAISE, jeune paysan, de l'âge d'Auguste.

ETHMULER, commandant des troupes ennemi

COLAS, personnage niais, jardinier de Saintfar, pere.

BATAILLON DE VOLONTAIRES.

TROUPE DE TOLPACHES, parmi lesquels deux François.

VILLAGEOIS ET VILLAGEOISES, chantant & dansant.

La scène se passe sur le rivage du Rhin, & aux approches de Lauterbourg, frontiere de France, département du bas-Rhin.

# LE PATRIOTISME,

## OU

## LES VOLONTAIRES AUX FRONTIERES.

*Le théatre représente un lieu champêtre, sur le rivage du Rhin, au milieu duquel est l'autel de la patrie. Le bataillon des Volontaires arrive en ordre & se range près de l'autel; les villageois & villageoises occupent un côté de la scene. La marche des Volontaires est terminée par le maire de l'endroit, en écharpe, & le peuple.*

## SCENE PREMIERE.

SAINTFAR, pere, (maire,)

ARIETTE.

Jeunes guerriers,
Défendez la patrie,
Allez aux ennemis que nous donne l'envie,
Apprendre à cueillir des lauriers.
Armés pour notre défense,
La justice suit vos pas ;
C'est d'elle & de la vaillance,
Que dépend le succès des combats.

A 2

# LE PATRIOTISME;

LES VILLAGEOIS ET VILLAGEOISES, (en chœur.)
Volez, volez à la gloire ;
L'amour,
A votre retour,
Vous promet une autre victoire.

### SAINTFAR, pere.

Mes amis, voici l'instant de vous montrer dignes du nom François ; déployez cette énergie qui n'appartient qu'à des hommes libres ; soyez toujours ce que vous êtes ; songez que la patrie a les yeux fixés sur vous.

### SAINTFAR, fils ainé.

Mon pere, nous sommes ses enfants, c'est vous en dire assez.

### SAINTFAR, pere.

Et malgré l'injustice des ennemis que vous allez combattre, n'oubliez jamais que le François fut de tout temps avare du sang.... ce sont des hommes.

### LES SOLDATS.

Des assassins.

### SAINTFAR, pere.

Ils le deviennent par nécessité..... esclaves, ils doivent obeir.

### SAINTFAR, fils.

Hommes, ils doivent être justes.

### UN SOLDAT.

Que leur demandons-nous ? Que veulent-ils de nous ?

### SAINTFAR, pere.

Ils peuvent avoir été trompés.

### SAINTFAR, fils.

Juste ciel ! & c'est avec le fer & le feu qu'il faut

## OU LES VOLONTAIRES.

les instruire ! c'est en égorgeant les hommes qu'on prétend leur enseigner leur devoir !

SAINTFAR, pere.

Mon fils, ne cherchons point en ce moment à pénétrer dans les secrets politiques des cours..... contentons-nous de ce que nous sommes ; l'excès des abus les a pour jamais étouffés chez nous ; eh ! pourrons-nous savoir ce que la raison prépare au reste de la terre ? Mon fils, vous avez des devoirs sacrés & bien chers à remplir, ne vous occupez que d'eux ; je n'ai jamais douté de votre courage ; rendez-vous digne de la confiance de vos concitoyens.

SAINTFAR, fils, (*à demi-voix*.)

O ciel ! vous savez ce qu'il m'en coûte.

SAINTFAR, pere.

Je sais comme vous qu'il est cruel d'en venir à de pareilles extrémités ; mais la paix & le bonheur que nous promettent les sublimes travaux de nos augustes législateurs, soulevent l'envie, & le destin des rois dépend sans doute......

SAINTFAR, fils.

De la justice qu'ils se rendent, & de celle qu'ils doivent aux peuples. Le roi des François vient de donner un grand exemple à tous les potentats de la terre ; qu'ils l'imitent s'ils veulent arriver au suprême bonheur ; qu'ils soient comme lui rois citoyens & peres de leur peuple. En cessant de les tyranniser, le sang des humains cessera de couler ; mon pere, l'idée d'en faire répandre une seule goutte me fait frémir, & je ne sais quel sentiment semble arrêter mon bras.

SAINTFAR, pere.

Je ne puis le blâmer ; mais la loi....., la patrie te commandent...... (*à part*.) Quel froid ! quel changement ! & qu'est devenue cette noble ardeur à

## SCENE II.

Les Acteurs précédents, AUGUSTE

AUGUSTE, *en uniforme & sans armes.*
*( Il perce la foule & se jette aux genoux de son pere.)*

Mon pere...., je me jette à vos genoux, ne souffrez pas que je perde une si belle occasion de signaler ma vie.

SAINTFAR, pere, *avec surprise,* (*le relevant.*)

Et quoi, mon jeune Auguste soldat !

AUGUSTE.

Oui, mon pere, permettez que je me range aussi sous l'étendart de la liberté ; qu'on me donne parmi ses défenseurs la place qu'on voudra, je ne serai point le dernier à montrer que je suis digne de l'être.

SAINTFAR, pere, (*s'adressant aux soldats.*)

Mes amis, vous ne pouvez refuser la grace qu'il demande.... Je n'ai que ces deux fils, mais ils appartiennent encore plus à la patrie ; ils la serviront, n'en doutez pas ; croyez que je suis prêt moi-même à périr sur leurs corps ensanglantés, s'il le faut, pour les y aider.....

Les Soldats.

Qu'on l'arme, qu'on l'arme.
( *On arme le jeune Auguste à l'instar des autres.*)

SAINTFAR, pere.

O dieux ! protégez leur courage ; vous n'eûtes jamais un plus beau moment pour manifester votre pouvoir & faire triompher la justice.... Mes amis,

## OU LES VOLONTAIRES.

le Dieu des armées va recevoir sur cet autel votre serment sacré de vivre libres ou de périr.

### CHŒUR DES SOLDATS.

Arbitre souverain
Du destin
De la terre,
Reçois en ce moment
Le serment
Sincere
De notre fidélité :
Nous jurons à la patrie,
De consacrer notre vie
A la liberté.

( *Tout le monde se retire ; la troupe défile sous les yeux du maire & de son fils, commandant ; qui restent seuls sur la scene.* )

---

## SCENE III.

SAINTFAR, pere, SAINTFAR, fils.

### SAINTFAR, pere.

Mon fils, vous avez quelqu'inquiétude.... ; un sombre nuage semble obscurcir vos traits.... Pourquoi ne vois-je plus en vous cette ardeur de combattre que vous m'avez si souvent montrée, & pour laquelle vous sembliez né ?

### SAINTFAR, fils, ( *embarrassé.* )

Mon pere......

### SAINTFAR, pere.

Achevez..... Auriez-vous changé ? Ces hommes auxquels vous donniez avec tant de plaisir le doux nom de freres.... ; cette patrie pour qui

### SAINTFAR, fils, ( *avec feu* ).

Ah, mon pere ! ils me sont toujours chers.

ET PATRIOTISME;

SAINTFAR, pere.

Eh bien donc, est-ce à l'instant de vous montrer digne du poste qui vous est confié, que vous balancez

SAINTFAR, fils.

Que ne puis-je vous ouvrir mon ame toute entiere

SAINTFAR, pere, (*avec tendresse.*)

Je t'ouvre les bras; viens, mon enfant! Aurois-tu des secrets pour ton pere? As-tu donc un meilleur ami? (*à part.*) Quelle crainte vient me saisir! (*haut.*) Ah, mon fils! l'ambition auroit-elle distillé son poison dans tes veines?.... Ne jouis-tu plus du bonheur des François? La révolution, il est vrai, t'ôte quelques droits à la fortune, mais elle t'en donne tant à l'amitié de tous ceux qui t'entourent!

SAINTFAR, fils.

Comme vous, j'admire....., je bénis ses bienfaits.

SAINTFAR, pere, (*avec impatience.*)

Achevez, de grace.

SAINTFAR, fils.

Cette révolution cependant, sur laquelle repose le bonheur de ma patrie, va peut-être faire le malheur de mes jours.

SAINTFAR, pere.

D'où vous vient cette crainte?.... Auriez-vous la lâcheté?....

SAINTFAR, fils.

M'en croyez-vous capable? Avez-vous eu quelque reproche à me faire, avant que j'eusse vu la trop séduisante Fulvie?....

SAINTFAR, pere, (*avec surprise.*)

Vous aimez.....

SAINTFAR,

## QU LES VOLONTAIRES.

SAINTFAR, fils; (*l'interrompant.*)

Ah, mon pere !

### ARIETTE.

Élevé parmi les armes,
Je n'adorois que le dieu des combats ;
La gloire seule avoit pour moi des charmes ;
Et je m'attachois à ses pas ;
Mais en voyant la charmante Fulvie,
J'appris à connoître l'amour ;
Et son feu, depuis ce beau jour,
Embrase mon ame ravie.
Mais, mon pere, ne croyez pas
Que cet amour décourage mon ame ;
C'est du moment qu'il nous enflamme,
Qu'on sait affronter le trépas.

### SAINTFAR, pere.

Vous aimez.... Fulvie.... notre captive.... la fille de notre plus cruel ennemi.... ô ciel !

### SAINTFAR, fils.

Ah, mon pere, vous connoissez sa belle ame, ne la confondez point avec nos ennemis.... Qu'a-t-elle fait pour être prisonniere en ces lieux ?

### SAINTFAR, pere.

Ce qu'elle a fait !.... Ah, sans doute elle est exempte de tout reproche ; mais apprends que la providence semble l'avoir placée dans nos mains pour mettre un frein à la rage de nos adversaires..... C'est le pere de Fulvie lui-même, le superbe Ethmuler, qui marche à leur tête de l'autre côté du Rhin, & qui n'attend qu'un instant favorable pour nous écraser sous ses coups.

### SAINTFAR, fils.

Le pere de Fulvie.... ô ciel ! me réservois-tu pour cette terrible épreuve ?...

SAINTFAR, pere.

Tu sais le peu de forces que nous avons pour résister à ses entreprises, & s'il ne nous en arrive pas, il ne faut qu'un instant.....

SAINTFAR, fils.

Vous me faites frémir..... Ah!.... vous avez percé mon cœur de mille coups de poignard....; mais vous me rappellez à mon devoir, & j'y vole.

SAINTFAR, pere.

Va.... je n'ai jamais douté de cette noble ardeur.

---

## SCENE IV.

SAINTFAR, pere, AUGUSTE.

AUGUSTE, (à son frere, au moment qu'il se retire.)

Mon frere, je pense que vous ne partirez point sans moi.

SAINTFAR, pere.

Ainsi donc, Auguste, te voilà bien décidé à marcher.

AUGUSTE.

Et à me battre, oui, à me battre, mon pere; vous ne sauriez croire jusqu'où va mon courage.

SAINTFAR, pere.

Il pourroit bien s'arrêter lorsque l'ennemi sera là. Mais, Auguste, as-tu bien réfléchi à la foiblesse de ton âge?.... La guerre n'est point un badinage, mon enfant; est-ce bien le désir de servir la patrie qui t'entraîne?

## AUGUSTE.

### ARIETTE.

Oui, je me sens enflammer
Du noble désir de combattre;
Et tout comme je fais l'aimer,
Pour elle je saurai me battre,
Ne craignez rien pour moi,
Mon père, j'ai du courage;
Et lorsqu'on combat pour soi,
La valeur est de tout âge.

### SAINTFAR, père, (*ironiquement.*)

C'en est donc fait...., Auguste va se signaler; Auguste va devenir un héros......; Mais, dis-moi, d'où te vient cet uniforme?

### AUGUSTE.

Oh, je ne puis vous le dire qu'à mon retour, n'en soyez pas fâché.....; c'est un secret que ma nourrice m'a bien recommandé de garder.

### SAINTFAR, père.

Ta nourrice, la pauvre Bertrant...

### AUGUSTE.

Mais je ne vous ai pas dit.....

### SAINTFAR, père.

Oh, non..., non...; mais cela me rappelle une chose: as-tu du moins de l'argent? car le pain qu'on mange à l'étape n'est pas toujours bien beau; & si vous étiez obligé de rester long-temps à votre poste, ton petit estomac..... (*en lui donnant une bourse.*) Tiens, voilà pour t'en procurer du meilleur, s'il est possible....; & puis, un militaire doit toujours faire un petit accueil à ses camarades.

## AUGUSTE.

Grand merci, mon pere; il me paroît que nous avons de quoi porter quelques santés à tous nos bons François.

## SAINTFAR, pere.

Très-bien.... ; tu parles de boire, te voilà soldat.... Ah çà, il ne faut pas partir sans aller voir ta nourrice...; tu m'entends, Auguste.

## AUGUSTE.

Oh! non, mon pere.

*(Saintfar se retire.)*

---

## SCENE V.

### AUGUSTE, seul.

Non, ma pauvre nourrice, je ne partirai point sans t'aller embrasser..... ; je n'oublierai jamais ce que tu viens de faire pour moi, & le plaisir que tu me procures. J'ignore ce qu'à coûté cet uniforme que je dois à tes soins..... ; mais il y a de l'or dans cette bourse, & je ne veux pas tout l'emporter. Avec la moitié de cet argent, j'ai bien de quoi régaler mes amis plusieurs fois....... Mais voici Blaise; il paroît chagrin.

---

## SCENE VI.

### AUGUSTE, BLAISE.

BLAISE, *(comme s'il venoit de pleurer.)*

Eh bien, monsieur Auguste, vous partez donc?

## OU LES VOLONTAIRES.

### AUGUSTE.
Je gages que tu serois bien aise, mon pauvre Blaise, venir aussi avec nous.

### BLAISE.
Oh sûrement, si je pouvions marcher.... mais j'avons trop de chagrin, il m'ôte le courage, & il faudroit que je m'arrêtas à tous les pas.

### AUGUSTE.
Tu as du chagrin, mon bon ami ?

### BLAISE.
Oh bian du chagrin, monsieur Auguste.

### AUGUSTE.
Raconte-moi cela bien vîte.

### BLAISE.
Ah, monsieur Auguste, si tous les hommes étoient à monsieur votre pere, il n'y auroit pas de méchants, il n'y auroit pas non plus des enfans malheureux.

### AUGUSTE.
Cela est vrai....; mais raconte-moi donc....

### BLAISE.
Vous savez bien que depuis que mon pere est mort, ma mere est veuve ; vous savez aussi que mon frere s'étoit engagé, il y a déjà long-temps, pour être soldat.

### AUGUSTE.
Oui ; je sais tout cela.

### BLAISE.
Eh bien, comme je n'étions pas assez fort pour tout faire dans nos champs, ma mere acheta, il y a

six mois, le congé de mon frere, qui lui coûta cent écus : cela l'a mise dans l'impossibilité de payer cette année la ferme de M. Breval; ce méchant homme que vous appellez aristocrate, & qui est si heureusement passé dans l'étranger, bien loin de nous.....: vous savez aussi que la sécheresse a grillé toute notre récolte.

### AUGUSTE.

Eh bien.

### BLAISE.

Eh ben, v'là que parce qu'elle ne peut lui donner que la moitié de ce qu'elle lui doit, il l'a fait chasser de la ferme par un méchant homme comme lui, qui se dit son fondé de pouvoir....., & v'là que nous sommes logés à la rue comme..... ah, mon Dieu, mon Dieu.....

### AUGUSTE, *(avec feu.)*

Elle a, dis-tu, de quoi lui payer la moitié ?.... Et qu'est-ce qu'elle lui doit en tout ?

### BLAISE.

Oh, Monsieur, ben de l'argent.

### AUGUSTE.

Mais encore.

### BLAISE.

Deux cents francs, tous entiers.

### AUGUSTE, *(avec feu.)*

Deux cents francs, & elle en a la moitié..... Attends, mon ami. *(il regarde ce que contient sa bourse, & dit)* Oh, que je suis heureux ; dix louis, oui, dix louis..... Tiens, mon ami, donne ces cinq à ta mere.

## OU LES VOLONTAIRES.

### BLAISE.

Mais, monsieur Auguste,....

### AUGUSTE.

Soulage-moi d'un autre embarras; fais-moi le plaisir de remettre ces cinq autres à ma nourrice quand je serai parti.

### BLAISE.

Mais.... vous êtes trop bon....

### AUGUSTE.

Et non, non, mon ami, le premier jour je serai peut-être tué; d'ailleurs, j'en suis quitte pour manger comme les autres, le pain de l'étape.

### BLAISE, (*baisant l'argent.*)

Oh, ma mere, comme j'allons vous faire plaisir.

### AUGUSTE.

Va, mon cher Blaise, si tu veux me laisser le mien, qu'elles ignorent toutes deux d'où cet argent leur vient.

(*Blaise se retire en baisant l'argent que vient de lui donner Auguste.*)

---

## SCENE VII.

### AUGUSTE, *seul.*

Bon...., je suis plus content que si je l'avois encore. Avec cet argent j'aurois pu, à la vérité, régaler mes camarades....; eh bien, n'est ce pas la même chose ? je leur laisse le plaisir de me régaler eux-mêmes.

## SCENE VIII.

### AUGUSTE, COLAS.

(*Colas sous les armes en chamarré, & dans l'accoutrement le plus comique.*)

#### AUGUSTE.

Quelle est donc cette étrange figure qui nous vient là ?

#### COLAS.

Ah, monsieur, monsieur Auguste, j'avons appris que vous partiez avec les Volontaires ; je v'nons vous prier de leur annoncer volontairement, que j'ons aussi volontiers la volonté de les suivre.

#### AUGUSTE, (*riant de toutes ses forces.*)

Ah, ah, ah, ah, c'est toi, mon pauvre Colas ; comme te voilà rangé ; je t'ai, ma foi, pris pour un épouvantail.

#### COLAS.

Je n'savons pas ce que ça veut dire, mais me v'là soldat.

#### AUGUSTE, (*riant toujours.*)

Soldat ; ah oui ; vraiment soldat ; & d'une belle facture.

#### COLAS.

Oh, vous avez toujours de ces mots que je ne comprenons pas.... ; tant y a que j'sis soldat.

#### AUGUSTE.

Eh bien, oui, soldat, je t'entends ; mais ce n'est pas tout ; il faut être bon soldat ; & toi, as-tu assez de courage pour.....

#### COLAS.

## OU LES VOLONTAIRES.

### COLAS.

Du courage.... ; ah, parguienne, Monsieur, je n'en avons pas tant que si j'en avions davantage ; mais vous varrez....

### AUGUSTE.

Et connois-tu le maniement des armes ?

### COLAS.

Bah...., v'là qu'est ben difficile.... ; tenez, j'allons faire devant vous.
(*Il fait un exercice à sa maniere, dont il fait lui-même le commandement.*)

### AUGUSTE.

Fort bien.... ; & quand le canon grondera ?

### COLAS.

#### ARIETTE.

Quand le canon grondera,
Quand le boulet partira,
Je l'verrons ben v'nir peut-être ;
Comm'je saurons vous l'esquiver.
Gnia qu'magniere pour le sauver,
Gnia qu'magniere de se tourner,
Drès l'instant qu'on l'voit paroître ;
Et pis l'on n'se met pas là tout d'vant,
Pour s'faire tuer comm'une bête ;
On a d'la ruse, on a d'la tête,
A parer l'coup auparavant.

### AUGUSTE.

Très-bien.... ; vraiment, tu as des secrets merveilleux.

### COLAS, (*avec importance.*)

Oh...., j'en avons un, Monsieur, qu'est ben autre chose que ça.

### AUGUSTE.

Quel est-il ?

## COLAS.

Tenez, j'allons vous l'confier....; mais n'faut pas faire trop de bruit, on pourroit ben en faire usage contre nous. (*avec un air mystérieux.*) Je connoissons une plante qu'a la vartu de faire éternuer malgré vous ; j'en mettrons en poudre ben fine une bonne quantité, & pis quand j'serons là devant les ennemis, je saisirons le bon vent ; j'en semerons en l'air queuq'dose, ils vous avaleront çà par le nez, & quand ils voudront nous ajuster, couchés comme çà sur leurs fusils, au moment de tirer, athit, (*il fait semblant d'éternuer.*) ils éternueront, cracheront sur le bassinet, & crac..., le coup ratera.

## AUGUSTE.

Admirable....; mais si ton secret n'a pas son effet, & que tu ne saches pas employer d'autres armes....

## COLAS, (*montrant son sabre.*)

Et n'avons-je pas ceci, morguienne ?

## AUGUSTE.

Et si tu ne sais pas t'en servir ?

## COLAS.

Ah ben...., qu'on s'y frotte.

## AUGUSTE.

Parbleu, il me vient une idée : en attendant que nous soyons aux prises avec l'ennemi, voyons comme tu t'y prendras ; faisons ici nous deux la petite guerre ; j'ai une arme égale à la tienne ; allons, frappons d'estoc & de taille.

## COLAS.

Qu'est-ce que cela veut dire ?

## AUGUSTE.

(*A part.*) Le pauvre animal ! voilà qu'il tremble déjà. (*haut.*) Allons donc...., sabre en main.

## COLAS.

Ah çà, ne badinez-vous pas ?.... & si tout en bataillant comme çà, nous allions nous tuer tous les deux ?

## AUGUSTE.

Tu as déjà peur, poltron ? ce n'est qu'un semblant.

## COLAS.

Oh, ce n'est pas cela qui me fait trembler ; parguienne, c'est ben moi qui suis bâti pour avoir peur... ; mais si stapendant nous restions mort sur le champ de bataille, nous ne nous en releverions, que je crois.

## AUGUSTE.

Va toujours, allons, en garde.

## COLAS.

Ah çà, ce n'est donc que pour badiner ?

## AUGUSTE.

Et non, sans doute.

## COLAS, (tirant le sabre.)

Et ben m'y v'là.

(*Colas porte ses coups de la maniere la plus comique & la plus gauche, & reçoit tous ceux d'Auguste.*)

## COLAS, (après le combat.)

Et ben, c'la va-t-il ?....

## AUGUSTE, (en riant de toutes ses forces.)

Pas mal...., pas mal....; mais ce n'est pas tout ; voyons maintenant si tu saurois faire usage de ton fusil ; ceci, à la guerre, demande une combinaison...., des regles dont on ne peut s'écarter..... Voyons....; je ferai comme si j'étois l'ennemi, moi. Tiens, je vais me mettre ici, & je ferai le commandement. Garde à vous....

(*Il commande l'exercice ordinaire, & au mot de feu, il tire un coup de pistolet chargé à poudre, qu'il sort de sa poche de culotte, sans que Colas s'en soit apperçu. Colas tombe & se croit mort.*)

## COLAS.

Ah..., je fis mort. (*Il reste étendu & immobile.*)

AUGUSTE, *en riant*, (*de la place qu'il occupoit.*)

Ah, ah, ah, ah, voilà un soldat bien courageux...; il ne bouge pas...; je croirois l'avoir tué vraiment, si mon pistolet eût été chargé à balle. (*il s'approche de lui & l'appelle.*) Colas.....

## COLAS, (*à demi-voix.*)

Je fis mort.

AUGUSTE, (*il l'appelle encore, mais plus bas.*)

Colas...; il ne dit mot...; laissons-le là....; revenu de sa surprise, il ne demandera plus à marcher au combat.

---

## SCÈNE IX.

COLAS, (*étendu.*) FULVIE, AUGUSTE.

### AUGUSTE.

(*Au moment qu'il se retire, il rencontre Fulvie près des coulisses.*)

Ah, Mademoiselle, avez-vous quelque chose à envoyer dans votre pays ?.... dans peu nous espérons lui donner de nos nouvelles.

### FULVIE.

Monsieur Auguste, faites-moi le plaisir de dire à monsieur votre frere que je l'attends ici.

### AUGUSTE.

S'il peut quitter le bataillon, je vous l'envoie sur le champ.

## SCENE X.

FULVIE, COLAS, (*toujours étendu.*)

### FULVIE.

Quelle ardeur!... il faut convenir cependant que ces François sont charmants.... Jusqu'à quel point ne portent-ils pas l'amour de la patrie? Grands & petits, tout est soldat, tous sont prêts à répandre leur sang pour elle.... Répandre leur sang! ô ciel!.... Ah! si mon cher Saintfar.... (*appercevant Colas.*) Que vois-je?... un homme sur le sable! (*appellant Colas.*) Bon homme..., bon homme..., que faites-vous là?

### COLAS, (*se soulevant un peu.*)

Je crois que je sis mort.

### FULVIE.

Qui vous a mis là?

### COLAS.

La guerre.

### FULVIE.

Êtes-vous blessé?

### COLAS.

Il le faut ben.... (*il se souleve un peu & reconnoît Fulvie.*) Ah, mademoiselle Fulvie, je vous reconnoissons, ayez pitié de moi.

### FULVIE, (*l'aidant à se lever.*)

Levez-vous, mon ami...; où êtes-vous blessé?

### COLAS.

Ah, Mademoiselle, je dois l'être par-tout...; un coup de canon dont je ne me méfions pas...; (*il cherche sur son corps.*) je ne trouvons pas où a porté le coup....; stapendant il a été ben terrible.

### FULVIE.

Et comment cela vous est-il donc arrivé ?

### COLAS.

Tenez, Mademoiselle, voici comme cela s'est fait.... J'étions ici à faire la petite guerre avec monsieur Auguste ; nous n'y mettions pas de malice, nous : mais ne v'là-t-il pas qu'un de vos méchants garnements qui nous aura vu de l'autre côté du fleuve, nous a lâché un boulet qui nous a flanqué là sur le carreau, sans nous donner le temps de le voir venir. Ils sont ben méchants, vos pays...; peut-être aussi que c'est d'peur qu'il l'a fait, en nous voyant comme çà faire la guerre à derire & pour nous essayer ; il aura cru que c'étoit tout d'bon pour lui.... Mais.... (*il cherche autour de lui par terre.*)

### FULVIE.

Que cherchez-vous donc ?

### COLAS.

Je cherche le pauvre monsieur Auguste ; il aura peut-être été mis en poudre.

### FULVIE.

Monsieur Auguste ? je viens de le quitter & de lui donner une commission. (*à part.*) Assurément ce pauvre homme a perdu le bon sens.

### COLAS.

Oui da ; oh ben je suis ben aise de çà ; j'étions déjà fâché d'être ressuscité, tout exprès pour aller dire à monsieur son pere qu'on l'avoit tué ici.... Bon Dieu ! qu'ils sont donc méchants vos impériaux.... S'ils vous ressembloient tous au moins.... Ils sont stapendant cause que vous êtes ici prisonniere....; car monsieur Saintfar le pere nous a dit comm'çà qu'il avoit reçu des ordres pour ne pas vous laisser partir, & vous garder pour...., attendez donc; comment que çà se dit donc?.... pour....

FULVIE.

Pour otage?

COLAS.

V'là le mot....; je ne savons pas trop ce que çà veut dire; mais il faut ben que notre maire le sache, lui, & qu'il aie ses raisons pour cela.

FULVIE.

Je vois venir son fils; laissez-moi, mon ami, un instant avec lui.

COLAS.

Je le veux ben...., ni pus ni moins, gnia pas de sûreté ici, c'est trop à découvert, &.... ils vous ont là bas des lunettes d'approche avec lesquelles ils vous ajustont si bien, qu'ils tombent sur vous sans que vous vous en doutiez.

(*Comme il sort, Saintfar entre sur la scene.*)

---

## SCÈNE XI.

FULVIE, SAINTFAR, fils.

FULVIE.

Eh bien, Saintfar, rien ne peut donc vous retenir?.... votre départ est arrêté.

SAINTFAR, fils.

Nous n'avons encore aucun ordre; placés sur la frontiere, il paroît que nous n'en bougerons pas.

FULVIE.

Êtes-vous bien décidé, mon cher Saintfar, à exposer

ainsi vos jours, & n'éprouvez-vous rien de ce q
vous me faites souffrir ?

SAINTFAR, fils.

Ah, Fulvie ! pourquoi le ciel nous donne-t-il en ce moment des ennemis chez vous ?

FULVIE.

Telle est, sans doute, la funeste politique des cours.

SAINTFAR, fils.

Mais que demandons-nous à la vôtre ?... & quand la patrie se repose sur nous...., pourriez-vous m'engager à la trahir ?

FULVIE.

Non....; mais changez donc mon cœur, dissipez-en toutes les inquiétudes, si vous voulez que je vous approuve.

SAINTFAR, fils.

Charmante Fulvie ! croyez-vous le mien insensible & exempt de toute atteinte ?.... Ah ! vous ne savez pas combien le devoir que je vais remplir lui est pénible ; vous ne connoissez pas tous mes malheurs & les vôtres ; vous ne vous doutez pas de l'ennemi que nous allons combattre.

FULVIE.

Que dites-vous ?

SAINTFAR, fils.

Apprenez que votre pere, irrité peut être de votre captivité, a demandé & obtenu le commandement des troupes qu'on apperçoit depuis quelques jours sur le rivage ; que son dessein est de passer le Rhin, & de venir avant peu vous arracher triomphant de ces lieux..... Qu'il connoît mal le François !... Croit-il donc son entreprise si facile ?... Il n'est pas ici un individu

individu qui ne périsse pour la cause commune, & je crains que ses jours.....

FULVIE, (*levant les mains au ciel.*)

O ciel ! proteges-les !

SAINTFAR, fils.

Quel carnage n'avons-nous pas à redouter, s'il persiste dans ses projets ?

FULVIE.

Dieux ! vous voyez mon affreuse perplexité ! faut il que je n'aie connu l'amour que pour le rendre criminel ? Est-ce pour mon amant, est-ce pour mon pere, ô dieux ! que je dois vous implorer ?

SAINTFAR, fils.

Le ciel en conservant mes jours, les rend garants de ceux de votre pere....; mes soins dirigés vers lui.....

FULVIE.

Et qui peut me répondre de vous..... Ah ! Saintfar, si vous m'aimiez, comme vous me l'avez dit plusieurs fois....

SAINTFAR, fils.

Eh bien.....

FULVIE.

Eh bien, ne m'entendez-vous pas ?

SAINTFAR, fils.

Eh quoi ! vous exigeriez une trahison de ma part !

FULVIE.

Non, Saintfar, non ; mais un autre à votre place....
(*Saintfar pénétré de douleur, veut se retirer ; Fulvie le retient.*)

RÉCITATIF.

Je n'ai donc allumé dans votre ame
Qu'un feu passager ?

## LE PATRIOTISME,

### SAINTFAR, fils.

Plaignez-moi ;
L'amour le plus ardent m'enflamme,
Mais mon destin me fait la loi.

### FULVIE.

Vous partez....

### SAINTFAR, fils.

Hélas ! tout l'ordonne.

### FULVIE, (à part.)

L'ingrat !... il m'abandonne !
(Haut.) Que vais-je devenir ?

### SAINTFAR, fils.

O destin rigoureux !

### FULVIE.

Et quel est l'ennemi.... mon père ! justes dieux !
C'est lui que vous allez abattre
Sous vos coups.

### SAINTFAR, fils.

Quand je vais combattre,
Les dieux me sont témoins....

### FULVIE.

Inutiles sermens !
Puis-je croire encore tes promesses ?
Cruel ! tu pars......

### SAINTFAR, fils.

Dieux ! quels tourmens !

### FULVIE.

Et tu me laisses.

### SAINTFAR, fils.

Je vais remplir mon devoir.

### FULVIE.

A quel malheur je me vois condamnée !

### SAINTFAR, fils.

Ah !... tu connois tout le pouvoir
Qui m'enchaîne à sa destinée.

### FULVIE.

*DUO.*

Va.... si tu sentois tout le mal que j'endure ;
A la pitié fermerois-tu ton cœur ?

Au nom de mon amour, au nom de la nature ;
Laisses-moi fléchir ta rigueur.

### SAINTFAR, fils.

Ah ! si tu sentois tout le mal que j'endure ;
Tu ne voudrois pas accabler mon cœur.

Sensible à ton amour, sensible à la nature ;
Ne l'accuses pas de rigueur.

### ENSEMBLE.

| FULVIE. | SAINTFAR, fils. |
|---|---|
| Puisqu'il te faut une victime, | Que je sois plutôt la victime, |
| Arraches-moi le jour ; | Que je perde le jour, |
| Ne rends pas mon amour, | Avant que mon amour |
| Complice de ton crime. | Se souille d'un tel crime. |

---

## SCENE XII.

**Les Acteurs précédents, les Soldats, le Peuple.**

Aux armes, aux armes,
Les ennemis sont sur nos pas.

### SAINTFAR, fils, à Fulvie.

Ah ! du moins cachez-moi vos larmes ;
Fulvie, ne m'accablez pas.

D 2

# LE PATRIOTISME.

### LES SOLDATS.

Aux armes, aux armes,
Les ennemis sont sur vos pas;
Songeons à nous défendre;
Qu'ils tremblent devant nous,
Et courons leur apprendre
A redouter nos coups.

### LE PEUPLE.

Volez, volez à la gloire;
Combattre pour la liberté,
C'est marcher avec sûreté
A la victoire.

### LES SOLDATS.

Volons, volons à la gloire;
Combattre pour la liberté;
C'est marcher avec sûreté
A la victoire.

(Tout le monde se retire; le théatre change & présente à l'instant une forêt, dans laquelle se passe l'action la plus vive entre les ennemis & les patriotes. Colas, qui s'est trouvé parmi ces derniers, saisi par la crainte, met son fusil en bandoulière & grimpe sur un arbre, du sommet duquel il ajuste un coup de fusil sur un tolpache qui traverse la scène, & le tue. Le commandant Bthmuler se trouve pris & désarmé par un groupe de patriotes; il se défend encore, lorsque sa fille accourt, & tombe aux genoux des combattants pour calmer leur rage, en s'écriant: mon pere! Saintsar arrive vainqueur, le sabre à la main & saisi d'effroi pour les jours de Bthmuler; il le débarrasse, tombe à ses genoux & met bas les armes, au moment qu'il dit à ses soldats:)

OU LES VOLONTAIRES.

## SCENE XIII.

SAINTFAR, fils, FULVIE, ETHMULER.

### SAINTFAR, fils.

Grueles! il est sans armes.

### FULVIE.

Ah, Saintfar! sauvez ses jours.

### SAINTFAR, fils.

Ne craignez rien.... Monsieur, que je m'estime heureux de vous servir!

### ETHMULER.

Généreux ennemi! que ne vous dois-je pas?

### SAINTFAR, fils.

Rien, Monsieur, rien ; soyez libre. J'ai servi ma patrie ; elle doit être satisfaite ; qu'il me soit permis à présent de défendre le pere de la charmante Fulvie ; j'aurai tout à la fois obéi à l'amitié & à l'amour.

(*On débarrasse le champ de bataille des cadavres restés au combat.*)

### ETHMULER.

Ma fille, que veut-il dire?

### FULVIE.

Mon pere, il est votre défenseur, il est à vos pieds ; quand il devroit être votre ennemi! c'est vous en dire assez.

## LE PATRIOTISME

SAINTFAR, fils.

Ah! ne croyez pas que l'amour seul m'ait conduit...; la fraternité & la justice, devoirs sacrés pour la nation Françoise, m'y auroient engagé, quand même je n'aurois pas aimé l'adorable Fulvie.

(*Ekhmuler prend les mains de Saintfar, les serre, & applaudit à ses sentimens.*)

---

## SCENE XIV.

LES ACTEURS PRÉCÉDENTS, LES SOLDATS, LE PEUPLE, précédés du Maire.

(*Ils arrivent sur la scene en marche, & au son de la trompette.*)

(*La marche des soldats est terminée par quelques tolpaches & deux François enchaînés.*)

LES SOLDATS (*en chœur.*)

La victoire!
Est à nous.

LE PEUPLE, (*en chœur.*)

Qu'il est doux
De célébrer votre gloire.

LES SOLDATS.
La victoire
Est à nous.

SAINTFAR, fils.
Quand la patrie
Commande au cœur,
L'humanité se lie
A la valeur.

LES SOLDATS.
La victoire! c'est vous en
Est à nous.

## QU LES VOLONTAIRES.

### LE PEUPLE.

Qu'il est doux
De célébrer votre gloire.

### SAINTFAR, pere.

Conduits par la justice,
Elle a guidé vos bras ;
Le succès a suivi vos pas,
A vos efforts, braves soldats ;
Le ciel n'a pu qu'être propice.

### LES SOLDATS.

La victoire
Est à nous, &c. &c. &c.

### SAINTFAR, fils.

Souffrez, mon pere, que je vous présente le brave Ethmuler.

### ETHMULER.

Permettez-moi d'embrasser le pere de mon généreux défenseur.

(*Ethmuler & Saintfar pere s'embrassent avec transport.*)

### SAINTFAR, fils.

Achevez, mon pere, d'étouffer le germe d'une haine qui naquit de l'erreur & de la perfidie.

### ETHMULER.

S'il vous reste encore quelqu'un à accabler de votre inimitié, le coupable est à vos yeux ; ne condamnez pas le soldat qui s'est laissé conduire.

### SAINTFAR, pere.

Connoissez donc le cœur des François.... ; qu'on brise leurs liens, & qu'ils fassent place en ce jour à ceux de l'amitié.

### SAINTFAR, fils.

Mon pere, & vous, Monsieur, (*à Ethmuler*) joignez-y ceux de l'hymen.

## LE PATRIOTISME;

ETHMULER, *(prenant Fulvie & Saintfar par la main.)*

Soyez donc mes enfants.

SAINTFAR, pere, *(s'adressant à Fulvie.)*

Soyez aussi les miens.

COLAS, *(à côté d'Ethmuler.)*

Mon Dieu, mon Dieu, qu'eu terrible chose que la guerre donc; com'çà vous a frisé tout ce monde dans un instant...., & d'une...; çà peut compter, que je crois...; *(en affectant de parler sur l'épaule d'Ethmuler)* çà prouve au moins que stila qu'a tort n'a pas raison....; *(avec méchanceté)* attrape....
*(Les soldats amenent deux François enchaînés, Auguste en tient un au colet.)*

AUGUSTE.

Mais, ceux-ci sont François.

FULVIE.

J'implore leur grace.

SAINTFAR, pere.

Les lâches! ils n'ont pas craint d'armer leurs mains sanguinaires contre leur patrie!... la loi est expresse à leur égard; le roi peut seul l'adoucir : qu'on les mette en sûreté.... Mais vous, brave Ethmuler, qu'est-ce qui a pû vous conduire au projet affreux....?

ETHMULER.

Le mensonge, &; comme vous l'a dit votre fils, la perfidie des vôtres.... Quels tableaux effrayants ne nous a-t-on pas mis sous les yeux? D'une part, ma fille captive, votre roi prisonnier....

SAINTFAR, fils.

Comme l'est un pere tendre & chéri, lorsqu'il est enveloppé,

## OU LES VOLONTAIRES.

enveloppé, pressé de toutes parts dans les bras de ses enfants.

### ETHMULER.

De l'autre, la France accablée sous le poids....

### SAINTFAR, père.

De la trahison, du parjure....

### SAINTFAR, fils.

Mais elle a encore des amis, des défenseurs prêts à tout faire pour elle....

### SAINTFAR, père.

Une fois la paix établie au dehors, nous trouverons bien les moyens....

### ETHMULER.

Eh quoi ! vous porteriez....

### SAINTFAR, fils.

Que vous nous jugez mal ! chez un peuple de frères, le pardon fut toujours au-devant du repentir.

### ETHMULER.

Généreux & braves François ! que tant de vertus vous agrandissent, vous élèvent & vous rendent dignes d'admiration.... Non, vous n'avez point été la victime de vos fidèles alliés ; le voile va tomber, & bientôt, à votre exemple, tous les peuples de la terre ne feront plus qu'une seule famille.

### SAINTFAR, fils.

Ah ! croyez que les François ne désirent rien avec plus d'ardeur qu'une union perpétuelle avec eux, fondée sur les principes inaltérables de la justice & de la liberté.

E

## LE PATRIOTISME, &c.

SAINTFAR, pere, SAINTFAR, fils,
ETHMULER, FULVIE.

### QUATUOR.

Aimable paix, source féconde,
Du vrai bonheur des humains,
Si tu tiens dans tes mains
Les destins
De la terre & de l'onde,
Fais-les jouir de tes bienfaits ;
Que nous célébrions à jamais,
Les douceurs que tu nous procure ;
Et dans des momens aussi doux,
Fais-toi connoître comme nous,
Enfant de la nature.

( *Tout le monde en chœur.* )

Fais-toi connoître comme nous,
Enfant de la nature.

( *Le théatre change & présente un lieu préparé pour une fête ; le spectacle finit par un divertissement analogue à la circonstance.* )

### FIN.

---

*N. B.* Les personnes qui voudroient se procurer la partition de ce divertissement, peuvent, quant à présent, s'adresser à M. WALTER, maison Deyrieu, près le pont d'Ainay, à Lyon.

www.ingramcontent.com/pod-product-compliance
Lightning Source LLC
Chambersburg PA
CBHW060537050426
42451CB00011B/1769